Ingo Siegner

Der kleine Drache Kokosnuss
Das ABC-Stempelbuch

Dieses Buch gehört:

. . . .

Ingo Siegner

Der kleine Drache Kokosnuss

Das ABC-Stempelbuch

Kinder- und Jugendbuchverlag
in der Verlagsgruppe Random House

Verlagsgruppe Random House FSC® N1001967

1. Auflage 2015
© 2012 cbj, München
Alle Rechte vorbehalten
„Der kleine Drache Kokosnuss" ist eine Figur von Ingo Siegner.
Innenillustrationen: Ingo Siegner, Norbert Pautner
Gestalterische Mitwirkung: Alfred Dieler, Darmstadt
Umschlagkonzeption: basic-book-design, Karl Müller-Bussdorf
hf · Herstellung: UK
Konzeption und Producing: Norbert Pautner, Berlin
Reproduktion: Lorenz & Zeller, Inning a. A.; dietnerZ PrePrint, München
Druck: Anpak Printing Ltd., Hongkong
ISBN 978-3-570-17264-3
Printed in China

www.drache-kokosnuss.de
www.cbj-verlag.de

In diesem Buch findest du jede Menge Bilder, kleine Aufgaben und Rätsel rund ums ABC. Du darfst die Seiten nach Lust und Laune vollstempeln!

Aber beachte die vier goldenen Regeln des Stempelns:

> Vor jedem Stempeln erneut Farbe aufnehmen.
>
> Beim Stempeln gleichmäßig fest aufdrücken.
>
> Den Stempel nicht abrollen, weil sich sonst die Stempelkanten abdrücken.
>
> Den Stempel saubermachen, wenn man die Farbe wechselt, damit die Stempelkissen nicht verschmutzen.
>
> *Kokosnuss*

Die Lösungen zu den Rätseln findest du ab Seite 62.

Viel Spaß beim Stempeln, Malen und Rätseln!

Unterwasser-Labyrinth

Kokosnuss macht eine Unterwasser-Expedition. Findest du den richtigen Weg durchs Labyrinth der Wasserpflanzen? Verfolge den Weg mit dem Sternen-Stempel! Welches Wort mit **A** Kokosnuss genau sucht, erfährst du, wenn du alle Buchstaben einsammelst, die auf dem richtigen Weg liegen.

Pyramide mit A

Welche Wörter bilden diese Pyramide?
Stemple ein **A** auf die leeren Steine, dann siehst du es!

Ä oder E?

Kennst du die Dinge, die hier abgebildet sind? Weißt du auch, wie man sie schreibt? Mit Ä oder E? Wenn du es weißt, stemple ein E oder ein Ä unter die Bilder!

Wörter mit B

Hier siehst du ein paar Dinge, deren Namen alle mit **B** beginnen. Kennst du sie? Wenn ja, dann stemple das richtige Wort neben das jeweilige Bild.

Sudoku mit B

Die Sudoku-Regeln: In jeder Spalte, in jeder Zeile und in jedem Teilgitter dürfen die vier vorgegebenen Buchstaben aus der ersten Zeile (**BAUM**) nur je einmal vorkommen. Stemple die fehlenden Buchstaben in die Felder, in die sie gehören. Es muss aber kein sinnvolles Wort entstehen.

Wozu braucht man eigentlich ein C?

Auf dieser Doppelseite gibt es eine ganze Menge Dinge, die alle ein **C** in ihrem Namen verwenden. Und zwar als **CH**, **CK** oder **SCH**.
Erkennst du diese Wörter? Wenn ja, dann stemple **CH**, **CK** oder **SCH** unter die enstprechenden Bilder!

Pyramide mit D

Welche Wörter bilden diese Pyramide?
Stemple ein **D** auf die leeren Steine, dann siehst du es!

Schnell-Gedicht mit D

Weißt du, was ein Reim ist? Richtig, wenn die Wörter hinten gleich klingen, so wie **PFAND** und **RAND**. Finde heraus, welche der abgebildeten Dinge sich reimen! Verbinde die Paare mit einer Linie. Und wenn du magst, kannst du die Wörter unter das Bild stempeln.

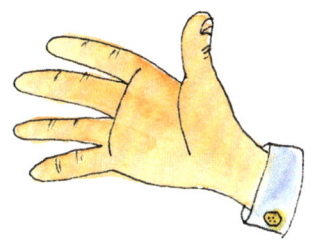
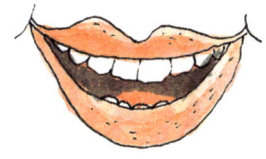

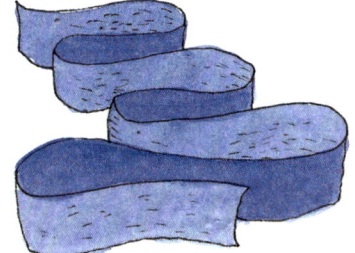

Ein Wortgitter mit E

Ein Kreuzworträtsel mit lauter Begriffen, die ein oder zwei **E** enthalten. Wenn du die Wörter erkennst, die für die Bilder stehen, stemple die fehlenden Buchstaben in die dafür vorgesehenen Felder – der Buchstabe **E** ist schon da.

Ein ganz großes F

Stemple ein großes **F** nur aus **F** – und male die Buchstaben bunt an!

Welches Tier versteckt sich hier?

Wenn du die Punkte von A bis Z in der Reihenfolge des Alphabets verbindest, erscheint ein Tier, dessen Name mit einem **F** beginnt. Wenn du die Punkte verbunden hast, male das Tier aus und stemple seinen Namen auf die Seite!

Ein Wortgitter mit G

Ein Kreuzworträtsel mit lauter Begriffen, die ein oder zwei **G** enthalten. Wenn du die Wörter erkennst, die für die Bilder stehen, stemple die fehlenden Buchstaben in die dafür vorgesehenen Felder – der Buchstabe **G** ist schon da.

Sudoku mit H

Die Sudoku-Regeln: In jeder Spalte, in jeder Zeile und in jedem Teilgitter dürfen die vier vorgegebenen Buchstaben aus der ersten Zeile (**HUND**) nur je einmal vorkommen. Stemple die fehlenden Buchstaben in die Felder, in die sie gehören. Es muss aber kein sinnvolles Wort entstehen.

Welches Tier versteckt sich hier?

Wenn du die Punkte von A bis Z in der Reihenfolge des Alphabets verbindest, erscheint ein Tier, dessen Name mit einem **H** beginnt. Wenn du die Punkte verbunden hast, male das Tier aus und stemple seinen Namen auf die Seite!

Wörter mit I

Hier siehst du ein paar Dinge, deren Namen alle mit I beginnen. Kennst du sie? Wenn ja, dann stemple das richtige Wort neben das jeweilige Bild.

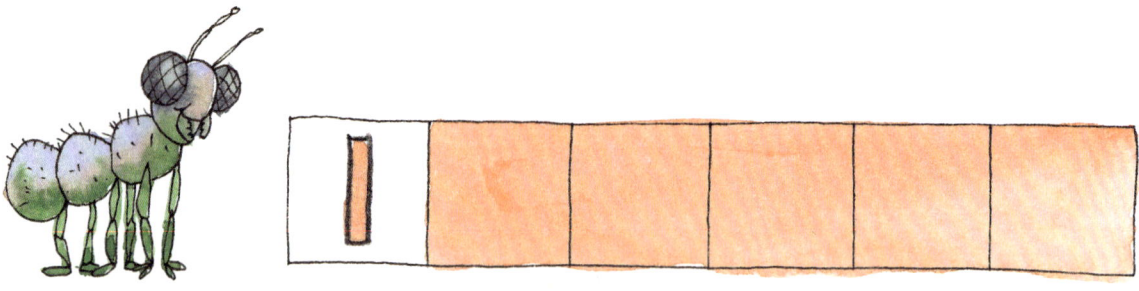

Pyramide mit langem I

Welche Wörter bilden diese Pyramide? Stemple das „lange I" – das schreibt man **IE** – auf die leeren Steine, dann siehst du es!

Stacheln für den Igel

Sei so nett und stemple dem Igel ganz viele Stacheln. Dazu nimmst du am besten den Buchstaben **I** – schließlich beginnt das Wort **IGEL** ja auch mit **I**.

Sudoku mit J

Die Sudoku-Regeln: In jeder Spalte, in jeder Zeile und in jedem Teilgitter dürfen die vier vorgegebenen Buchstaben aus der ersten Zeile (**JAHR**) nur je einmal vorkommen. Stemple die fehlenden Buchstaben in die Felder, in die sie gehören. Es muss aber kein sinnvolles Wort entstehen.

Wimmelbild mit K

In diesem Wimmelbild gibt es eine ganze Menge Dinge, deren Namen mit einem **K** beginnen. Wenn du ein Wort erkennst, dann stemple ein **K** neben die enstprechenden Bilder! Wie viele findest du?

Ein ganz großes L

Stemple ein großes L nur aus L – und male die Buchstaben bunt an!

Schnell-Gedicht mit L

Du weißt ja, was ein Reim ist – wenn die Wörter hinten gleich klingen, so wie **RILLE** und **WILLE**. Finde heraus, welche der abgebildeten Dinge sich reimen! Verbinde die Paare mit einer Linie. Und wenn du magst, kannst du die Wörter dazu stempeln.

Pyramide mit M

Welche Wörter bilden diese Pyramide?
Stemple ein **M** auf die leeren Steine, dann siehst du es!

Welches Tier versteckt sich hier?

Wenn du die Punkte von A bis Z in der Reihenfolge des Alphabets verbindest, erscheint ein Tier, dessen Name mit einem **M** beginnt. Wenn du die Punkte verbunden hast, male das Tier aus und stemple seinen Namen auf die Seite!

Ein Wortgitter mit N

Ein Kreuzworträtsel mit lauter Begriffen, die ein oder zwei **N** enthalten. Wenn du die Wörter erkennst, die für die Bilder stehen, stemple die fehlenden Buchstaben in die dafür vorgesehenen Felder – der Buchstabe **N** ist schon da.

Ooooh! Ein Regenbogen!

Wenn ein Regenbogen sich im Wasser spiegelt, dann ergibt das einen schönen, bunten Kreis. Das sieht fast aus wie der Buchstabe **O**. Stemple einen doppelten Regenbogen nur aus **O** – und male die Buchstaben bunt an!

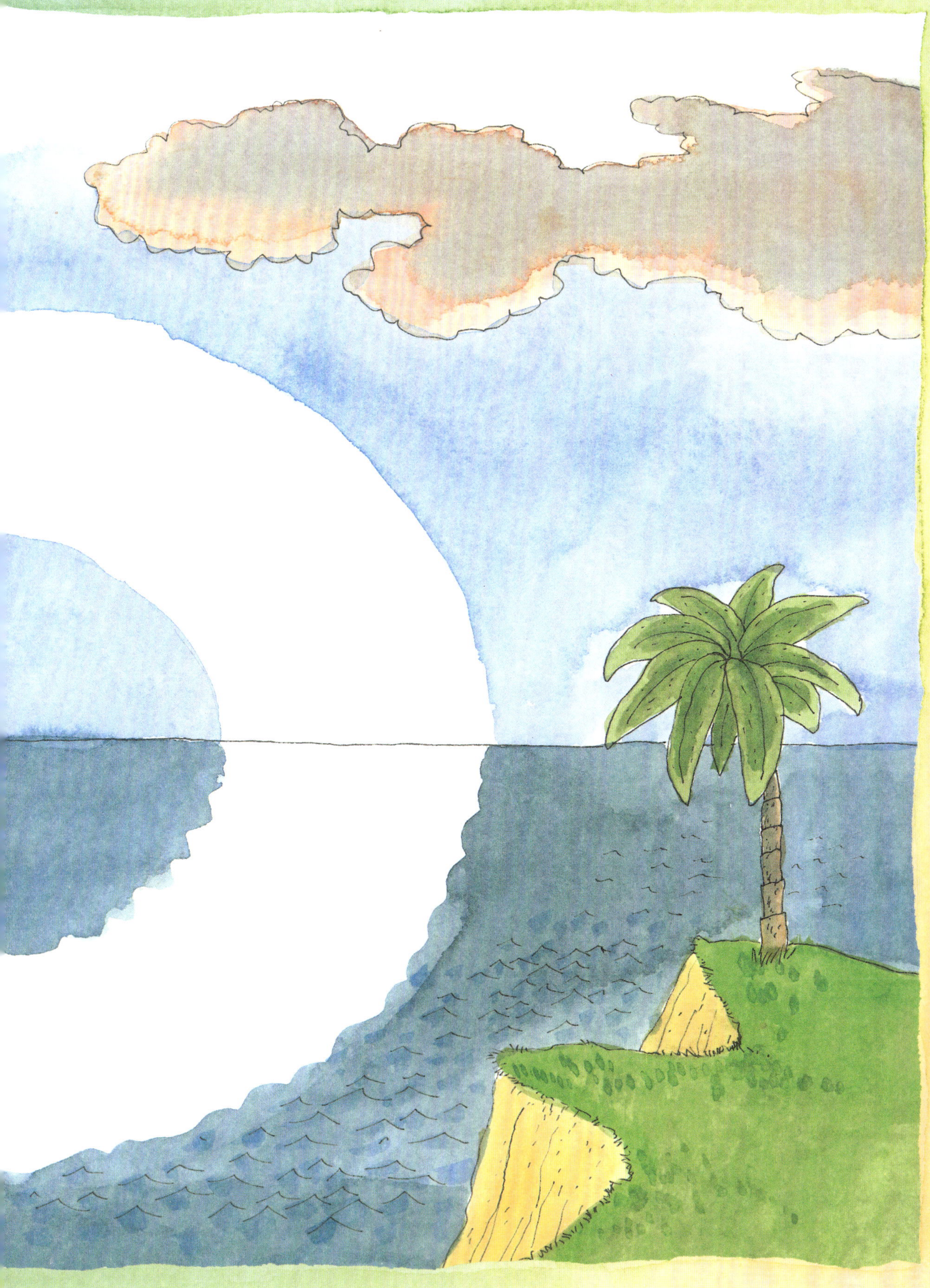

Alles dreht sich nur ums Ö

Diese Wörter mit **Ö** haben ihre restlichen Buchstaben verloren ... Sie kreisen nun ums **Ö**. Stemple die richtigen Buchstaben in die Lücken. Die Bilder neben den Kästchen geben dir Hinweise auf die gesuchten Wörter. Du darfst die kreisenden Buchstaben mehr als einmal benutzen.

M E Ö W L

Ö

Ö

Pyramiden-Labyrinth

Kokosnuss und seine Freunde reisen ins alte Ägypten, um das Geheimnis der Mumie zu lösen. Findest du den richtigen Weg durchs Labyrinth der Pyramide? Verfolge ihn mit dem Sternen-Stempel! Welches Wort mit **P** Kokosnuss sucht, erfährst du, wenn du alle Buchstaben einsammelst, die auf dem richtigen Weg liegen.

41

Tentakel für die Qualle

Der Qualle fehlen ihre vielen, vielen Arme. So kann sie nicht schwimmen! Stemple ganz viele **Q** so, dass die Qualle wieder Tentakel hat!

Sudoku mit R

Die Sudoku-Regeln: In jeder Spalte, in jeder Zeile und in jedem Teilgitter dürfen die vier vorgegebenen Buchstaben aus der ersten Zeile (**RABE**) nur je einmal vorkommen. Stemple die fehlenden Buchstaben in die Felder, in die sie gehören. Es muss aber kein sinnvolles Wort entstehen.

Ein Wortgitter mit R

Ein Kreuzworträtsel mit lauter Begriffen, die ein oder zwei **R** enthalten. Wenn du die Wörter erkennst, die für die Bilder stehen, stemple die fehlenden Buchstaben in die dafür vorgesehenen Felder – der Buchstabe **R** ist schon da.

R

R R R

Die große S-Schlange

Die Schlange ist ein tolles S-Tier! Sie beginnt mit einem **S**, sie zischt: „Sssssss!" und sie sieht auch aus wie ein **S**. Stemple eine große Schlange nur aus **S** – und male die Buchstaben bunt an!

47

Piraten-Labyrinth

Der kleine Drache Kokosnuss erkundet die Pirateninsel. Findest du den richtigen Weg durchs Kieselstein-Labyrinth? Verfolge ihn mit dem Sternen-Stempel! Welches Wort mit **S** Kokosnuss genau sucht, erfährst du, wenn du alle Buchstaben einsammelst, die auf dem richtigen Weg liegen.

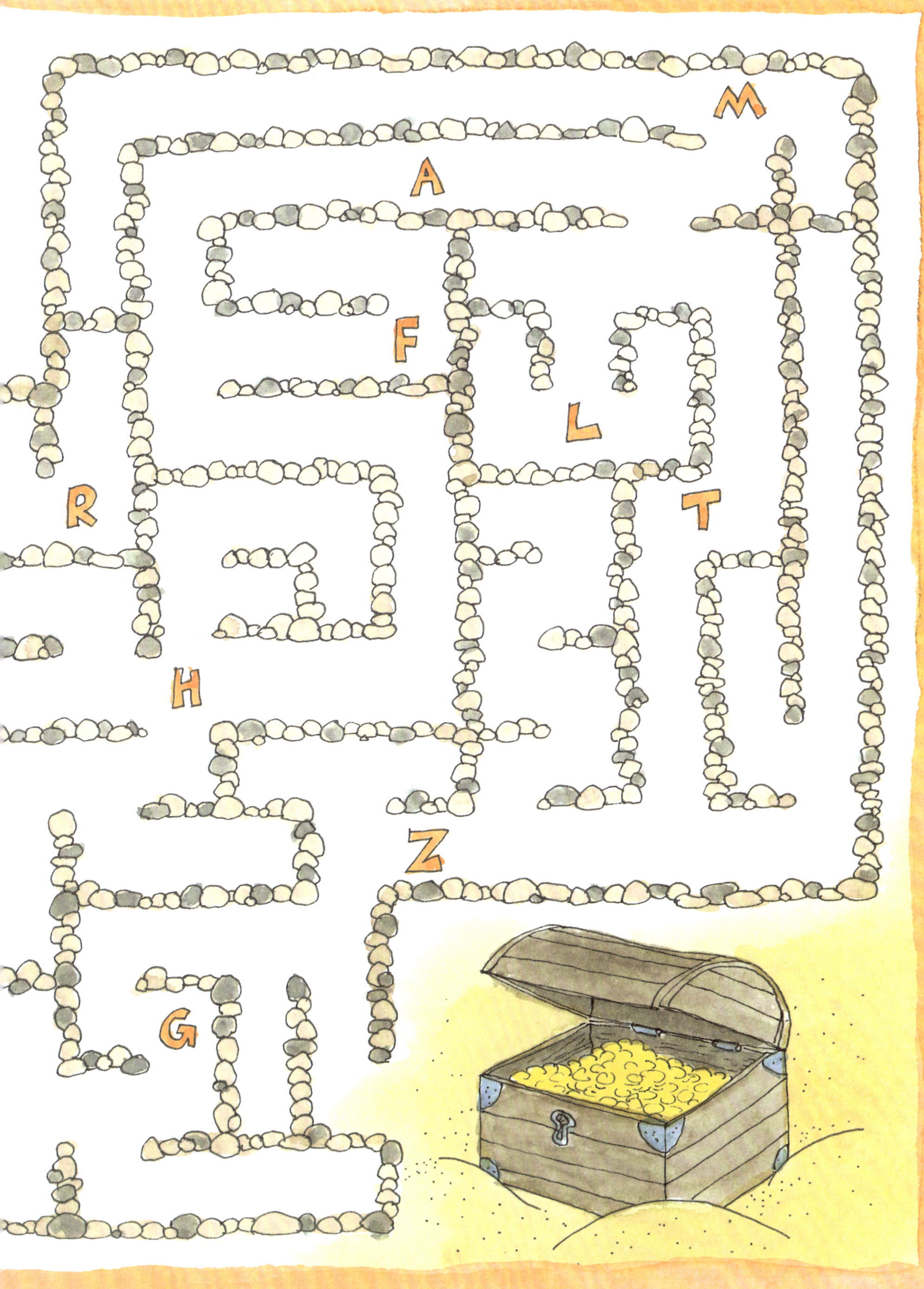
M
A
F
L
R
T
H
Z
G

Ein ganz großes T

Stemple ein großes **T** nur aus **T** – und male die Buchstaben bunt an!

Welches Tier versteckt sich hier?

Wenn du die Punkte von A bis Z in der Reihenfolge des Alphabets verbindest, erscheint ein Tier, dessen Name mit einem **U** beginnt. Wenn du die Punkte verbunden hast, male das Tier aus und stemple seinen Namen auf die Seite!

Alles dreht sich nur ums Ü

Diese Wörter mit **Ü** haben ihre restlichen Buchstaben verloren ... Sie kreisen nun ums **Ü**. Stemple die richtigen Buchstaben in die Lücken. Die Bilder neben den Kästchen geben dir Hinweise auf die gesuchten Wörter. Du darfst die kreisenden Buchstaben mehr als einmal benutzen.

		Ü		

M T Ü E B L

	Ü				

Wörter mit V

Hier siehst du ein paar Dinge, deren Namen alle mit **V** beginnen. Kennst du sie? Wenn ja, dann stemple das richtige Wort neben das jeweilige Bild.

Pyramide mit W

Welche Fragewörter bilden diese Pyramide?
Stemple ein **W** auf die leeren Steine, dann siehst du es!

Wörter sortieren mit X

Stemple die Buchstaben in der richtigen Reihenfolge in die leeren Kästchen.

X E E H

E I N X

Welches Tier versteckt sich hier?

Wenn du die Punkte von A bis Z verbindest, erscheint ein Tier, das im Himalaja-Gebirge lebt und dessen Name mit einem **Y** beginnt. Verbinde die Punkte in der Reihenfolge des Alphabets, male das Tier aus und stemple seinen Namen auf die Seite!

Sudoku mit Z

Die Sudoku-Regeln: In jeder Spalte, in jeder Zeile und in jedem Teilgitter dürfen die vier vorgegebenen Buchstaben aus der ersten Zeile (**ZWEI**) nur je einmal vorkommen. Stemple die fehlenden Buchstaben in die Felder, in die sie gehören. Es muss aber kein sinnvolles Wort entstehen.

Pyramide mit Z

Welche Wörter bilden diese Pyramide?
Stemple ein **Z** auf die leeren Steine, dann siehst du es!

Das ganze Alphabet!

Hier ist jetzt jede Menge Platz für alle Buchstaben von A bis Z! Stemple alles voll! Entscheide selbst, ob du die Buchstaben in der richtigen Reihenfolge oder wild durcheinander stempeln möchtest. Oder du machst das ganze Blatt nur mir deinem Lieblingsbuchstaben voll …

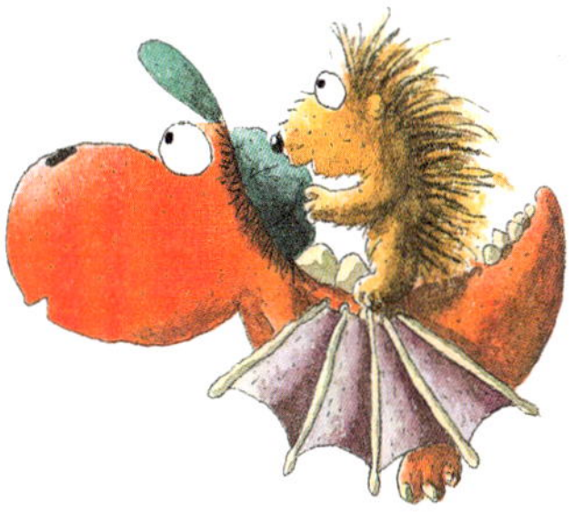

Lösungen

Seite 6/7:
Kokosnuss sucht ATLANTIS.

Seite 8:
A, AN, AUS, ALLE, ABEND

Seite 9:
SÄGE, SCHWERT, SEGEL, BÄR

Seite 10:
BART, BLATT, BROT

Seite 11:

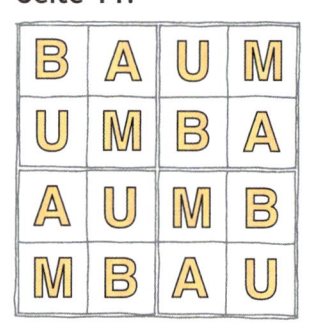

B	A	U	M
U	M	B	A
A	U	M	B
M	B	A	U

Seite 12:
FUCHS, FISCH, KIRCHE, HOCKER

Seite 13:
BUCH, FACKEL, FLASCHE, SCHIFF

Seite 14:
D, DU, DER, DANN, DANKE

Seite 15:
HUND – MUND, HAND – BAND, KIND – RIND

Seite 16/17:
GESPENST, EIMER, EIS, BERG, ELEFANT, ESEL

Seite 19:
Hier entsteht ein FROSCH.

Seite 20/21:
ZIEGE, ZUG, GRAUGANS, BAGGER, FLUGZEUG

Seite 22:

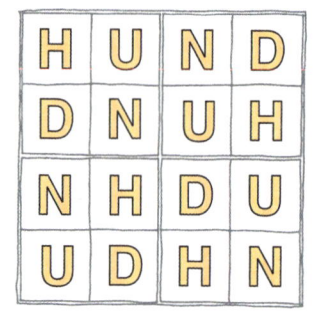

H	U	N	D
D	N	U	H
N	H	D	U
U	D	H	N

Seite 23:
Hier entsteht ein HASE.

Seite 24:
INSEKT, INSEL, IGLU

Seite 25:
IE, DIE, VIEL, SPIEL, ZIEGEL

Seite 27:

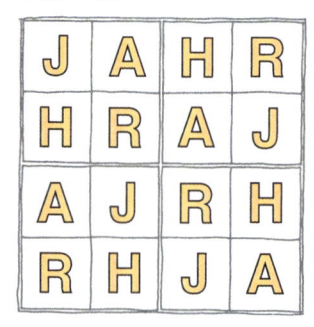

J	A	H	R
H	R	A	J
A	J	R	H
R	H	J	A

Seite 28/29:
14 Wörter mit K: Kaktus, Katze, Krebs, Kleiderbügel, Knochen, Kette, Krone, Kiste, Karte, Käfig, Kakadu, Kokosnuss, Korb, Kieselsteine

Seite 31:
BRILLE – GRILLE,
LIBELLE – WELLE,
BALL – KRISTALL,

Seite 32:
M, UM, MIT, MAMA, METER

Seite 33:
Hier entsteht eine MAUS.

Seite 34/35:
ANANAS, ZITRONE, BANANE, BIRNE

Seite 38/39:
KRÖTE, FLÖTE, MÖWE, LÖWE

Seite 40/41:
Kokosnuss sucht den PHARAO.

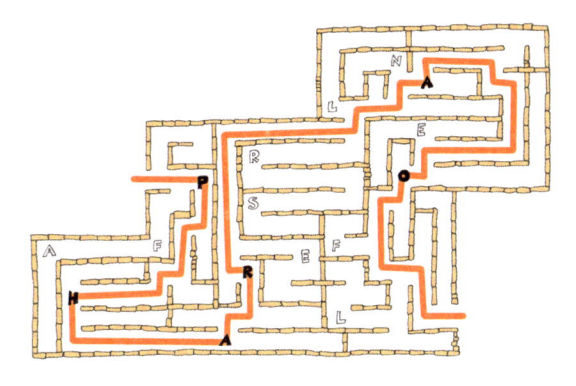

Seite 43:

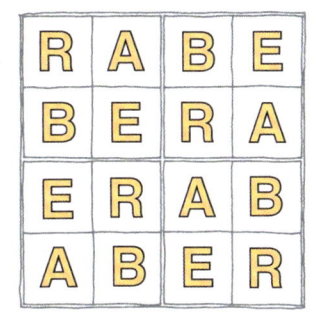

R	A	B	E
B	E	R	A
E	R	A	B
A	B	E	R

Seite 44/45:
RIESE, ZAUBERER, RITTER, BURG

Seite 48/49:
Kokosnuss sucht einen SCHATZ.

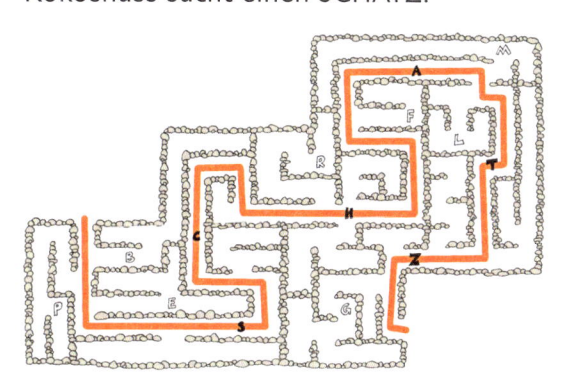

Seite 51:
Hier entsteht ein UHU.

Seite 52/53:
MÜHLE, BLÜTE, FRÜH, BÜFFEL

Seite 54:
VOGEL, VASE, VIER

Seite 55:
W, WO, WER, WANN, WIESO

Seite 56:
HEXE, NIXE

Seite 57:
Hier entsteht ein YAK.

Seite 58:

Z	W	E	I
I	E	W	Z
W	I	Z	E
E	Z	I	W

Seite 59:
Z, ZU, ZOO, ZEIT, ZEBRA

Alle Kokosnuss-Abenteuer auf einen Blick:

- Der kleine Drache Kokosnuss (978-3-570-12683-7)
- Der kleine Drache Kokosnuss feiert Weihnachten (978-3-570-12765-0)
- Der kleine Drache Kokosnuss kommt in die Schule (978-3-570-12716-2)
- Der kleine Drache Kokosnuss – Hab keine Angst! (978-3-570-12806-0)
- Der kleine Drache Kokosnuss und der große Zauberer (978-3-570-12807-7)
- Der kleine Drache Kokosnuss und der schwarze Ritter (978-3-570-12808-4)
- Der kleine Drache Kokosnuss und seine Abenteuer (978-3-570-13075-9) gekürzte Fassung des Bilderbuchs »Der kleine Drache Kokosnuss« (978-3-570-12683-7)
- Der kleine Drache Kokosnuss – Schulfest auf dem Feuerfelsen (978-3-570-12941-8)
- Der kleine Drache Kokosnuss besucht den Weihnachtsmann (978-3-570-13202-9) gekürzte Fassung des Buchs »Der kleine Drache Kokosnuss feiert Weihnachten« (978-3-570-12765-0)
- Der kleine Drache Kokosnuss und die Wetterhexe (978-3-570-12942-5)
- Der kleine Drache Kokosnuss reist um die Welt (978-3-570-13038-4)
- Der kleine Drache Kokosnuss und die wilden Piraten (978-3-570-13437-5)
- Der kleine Drache Kokosnuss im Spukschloss (978-3-570-13039-1)
- Der kleine Drache Kokosnuss und der Schatz im Dschungel (978-3-570-13645-4)
- Der kleine Drache Kokosnuss und das Vampir-Abenteuer (978-3-570-13702-4)
- Der kleine Drache Kokosnuss und das Geheimnis der Mumie (978-3-570-13703-1)
- Der kleine Drache Kokosnuss und die starken Wikinger (978-3-570-13704-8)
- Der kleine Drache Kokosnuss auf der Suche nach Atlantis (978-3-570-15280-5)
- Der kleine Drache Kokosnuss bei den Indianern (978-3-570-15281-2)
- Der kleine Drache Kokosnuss im Weltraum (978-3-570-15283-6)
- Der kleine Drache Kokosnuss reist in die Steinzeit (978-3-570-15282-9)
- Der kleine Drache Kokosnuss – Schulausflug ins Abenteuer (978-3-570-15637-7)
- Der kleine Drache Kokosnuss bei den Dinosauriern (978-3-570-15660-5)
- Der kleine Drache Kokosnuss und der geheimnisvolle Tempel (978-3-570-15829-6)
- Der kleine Drache Kokosnuss und die Reise zum Nordpol (978-3-570-15863-0)
- Der kleine Drache Kokosnuss – Expedition auf dem Nil (978-3-570-15978-1)